FOR$_2$

FOR pleasure   FOR life

送你一首財富的歌

以佛法創造財富的祕密

菩薩商主

序

擁有財富是人生重要的幸福指標，追求財富更是許多人人生的動
力。財富的形成，最初是源於對未來生活的保障，如今，更成為一
種生活樂趣。如何獲取財富、圓滿財富，考驗著我們的耐心、智慧
和眼光。

另一方面，財富也是引發人生諸多煩惱的主因之一，為了錢財鋌而
走險、危害社會的事件層出不窮。例如，2008年中國三鹿毒奶粉事
件，毒害了許多無辜的嬰兒，造成社會的重大震盪。同時期，美國
所引發的全球金融大海嘯，摧毀了無數家庭的幸福，它所造成的混
亂和恐怖，甚至超過毒奶事件的千倍、萬倍。

財富到底是什麼？既能創造人生的幸福美好，同時又引動生命中莽
動的不安，造成難以承受的苦果？如何掌握財富，自在圓滿財富，
為自身和大眾創造最大的幸福？這可說是甚深的「財富三昧」了！
二千五百年前佛教的經濟思想，或許正可做為我們圓滿財富的指引
明燈。
早期的佛教僧團，是禁絕出家眾從事營生謀利工作的，而以沿門托
鉢行乞的方式，接受施主的供養，維續生命的合理存在。在僧團內
部，也本著「利和同均」的精神，以平等分配方式，來處理共有的
生活資糧。這種清淨、惜福的經濟思想，能帶給生命無限的向上發

展，讓生命從輪迴到達解脫。

然而，這樣的經濟思想，對於積極幫助世間成為光明富樂的淨土，恐怕是不足的。因此大乘佛法以慈悲和智慧為核心的「菩薩經濟學」，更能夠幫助我們重新思考人類的未來，開創更圓滿的世間。

大乘菩薩體會了如同《金剛經》中所說的「無相佈施」。這種佈施不再是落於單純的佈施者佈施金錢、身體、法或無畏而已；而是以性空如幻為主體，超越了佈施、接受佈施的人與佈施的物品，而同歸法性。所以行無相佈施的人，沒有佈施的自己，也沒有佈施的對象，更沒有佈施的物品；而能永恆的實踐佈施波羅蜜。

在這樣的理趣下，菩薩經濟學超越了原始佛教僅止於防弊的心態，用更廣大的願力，以財富來創造人間善的循環，乃至趣向建造圓滿的淨土，就成為菩薩的偉大願行。積極的以佈施來自利利他，成就光明的人間樂土，這種以智慧慈悲為基礎的菩薩經濟學，可說是人類經濟思想中的一大寶藏，也應是人類未來的主流經濟思想。

在菩薩的經濟思想中，「商主」向來扮演著極為重要的角色，他們是一群具體實踐「菩薩經濟學」的大商主。

在佛陀的本生故事中，做為商主與國王的比例極高。佛經中也經常將菩薩比喻為帶領眾生的大商主，他們要具足廣大福德、智慧資糧，能帶領眾生脫離生死險難等惡處，指示安全的道路，最後抵達安住佛智的大城，遠離一切苦厄煩惱。

由於這種種因緣，「菩薩商主」在大乘佛教中也逐漸形成一種獨特的概念。

從以上觀察我們可以瞭解，佛教對商主概念有著十分正面的意含，乃至昇華為「菩薩商主」的概念。如何將菩薩商主的概念，落實在企業的永續經營，並成為新時代企業家的典範，值得我們期許的。

面對地球資源過度耗用的今日，我們必須有更超越的思惟，才能超脫地球經濟的困局；而菩薩經濟思想或許是可以思索的方向。

很快的，「地球經濟」即將走向「太空經濟」，未來太空的經濟資源如何分配？這也是菩薩商主必須思惟的。

未來的地球，將是一個同生共榮的時代，我們必須把地球當作一個完整的有機體來看，我們的呼吸與地球的呼吸是那麼緊密和諧的，人類和地球上的生命是同生共榮的，共創地球的財富。

願這首財富之歌，讓人類的經濟產生全新的思惟，成就許多地球企業家，讓我們不再是被迫成為「職業人」，而是透過工作貢獻社會、圓滿人生的「自由人」。

祝福您具足圓滿的財富，臻至究竟的生命幸福，共創地球永富時代！

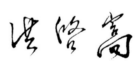

the Sutra of Fortune

菩薩商主

清淨的心念，創造財富。

佛陀以「八正道」做為弟子所遵循的修行指導原則，八正道是指：正見、正思惟、正語、正業、正命、正精進、正念、正定。八正道可以說是生命的中道，是八種到達涅槃的方法和途徑。

其中「正命」是教導我們應當選擇正確的職業，來使我們的生命合理的存續；也就是應該抉擇對眾生與自己有利的職業，以正命來創造清淨的財富。

空性而不善不惡。

在根本佛教中，對財富採取了消極的態度，但在大乘菩薩道中的經濟思想，則對財富積極觀察，發覺一切的財富，就根本而言是不生不滅，是性空的，是中性而遠離善惡的。

一切財富的善惡端視使用者的動機與手段；因此，只要使用清淨的財富，就可以成為度眾的方便；如果硬要排斥財富，還是落於真諦與俗諦的對待與偏執，是不究竟的。因此超越了僅止於防弊的心態，用更廣大的願力，以財富來創造人間善的循環，乃至趣向建造圓滿的淨土，就成為菩薩的偉大願行。

智慧力，是財富的根本。

佛法中的智慧力，稱之為般若。

具足深刻的「智慧力」，才能對財富空性的本質有通透的了解。
而越是對財富空性的本質有通透的了解，越能掌握財富的契機。
讓我們能隨時隨地觀察到各種條件、因緣的變化，掌握有效的資
訊，但不會被迷惑。

這種智慧力，不是外在投資理財的智慧，而是向內觀照，掌握萬
物本質的般若智慧。

一個具足智慧力的企業人，他的心是寂靜不動的，隨時具有觀照
力，看著股市、看著金融的變化，心緒不會隨之起舞，能掌握到
變動中的機會。

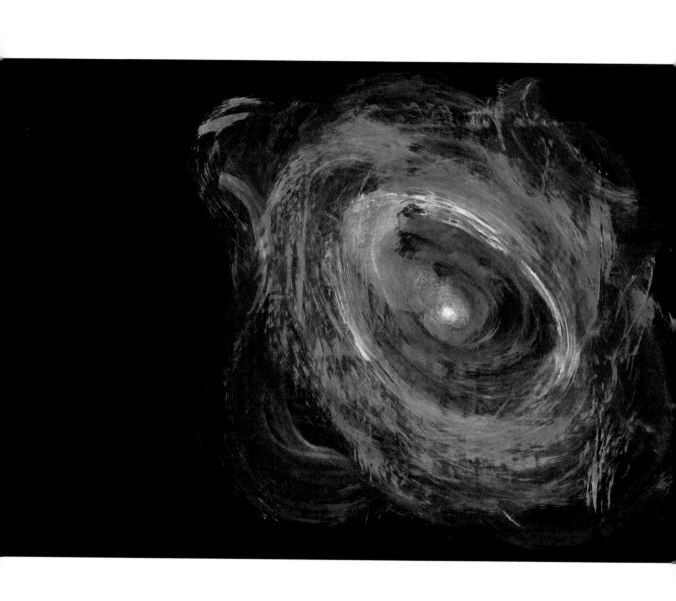

慈悲力，
從自身到外境圓滿和諧。

佛法中的慈悲，其實是觀照自心最深層的內在。只有對自己越慈悲，才能真正對這個世界越慈悲。

一般人說，財富是「身外之物」，所以總是向外尋求。而佛法中的慈悲力，反而是教我們向內觀照，真實對自己慈悲，完全接納自己，與自己身心完全和諧統一，只有對自己完全慈悲，才有力量真實對別人慈悲。

我們對財富的障礙，來自於我們對自己的不夠慈悲，自我的衝突，無法和諧，讓我們看不到財富真實的樣貌，也掌握不到財富增長的本質。

只有對自己最深層的慈悲，與自己的身心完全和諧相處，並擴大到外境，內外一如，才能自在掌握財富、創造財富。

慈悲觀察消費者的需求，開拓市場。對員工的慈悲關懷，自然能產生高度向心力，形成最強的工作團隊，為企業創造財富。

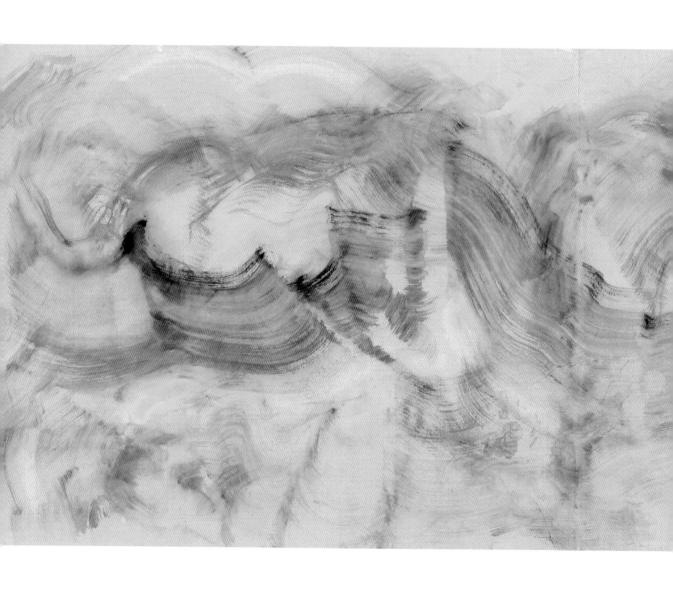

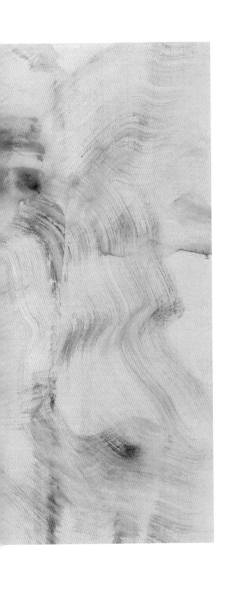

創造力，讓財富活化。

創造力與財富的關係密不可分，佛法中的創造力和世間的創造力有什麼不同呢？

一般的創造力是向外追尋靈感，希望在茫茫大海中找到新玩意，而佛法的創造力卻是向內觀照，讓心回到智慧的原點，就自心如同一顆映現萬物的摩尼寶珠，宇宙森羅萬象及種種變化的可能性，自然映現在其中，掌握一切創造力的本質。

此時，我們自然就能在最恰當的因緣條件，運用最少的成本，創造出最有力的、最有效的產品，活化財富。

願景力，使財富圓滿。

許多人都重視願景，但是一般人是在條件上創造願景，是在被限制的狀況中思維而佛法所談的願景力，是回到最深層的內心，是在條件之前就先看到自己的願景，一心思維為眾生和自身創造最大的利益，是用願景創造條件，而非用條件來發展願景。

因為站立在生命的大戰略上，所以能夠很有力地整合成有效的資源，完成自己的願景。因為這種生命的主動性，所以會特別有力，能夠洞燭機先。

在條件上創造願景的人，願景的大小會受條件限制，也會把願景和條件之間的關係混淆，甚至會妥協、打折扣。很多人在運用財富的過程中，被財富的條件所迷失。

如果是以願景為先者，會依願景來創造條件，願景是本質，條件是工具。

所以，你的願景本身會決定你財富的圓滿與否。

執行力，
使財富得以實踐。

在圓滿財富的過程中，執行力是很重要的環節。

佛法中的執行力，和世間的談的執行力有什麼不同呢？

「做對的事情，再把事情做對。」這是一般的次第，但是在佛法中這是一件事情。

因為他是在心中最清明的狀態下來行動，所以不會做錯的事，因為它不會被污染的，這就是污染即不得。

他心中自有活水。

因為他很清楚自己做的是對的事情，所以能尋求最有效率的方式，不斷把事情做對，把事情做好。

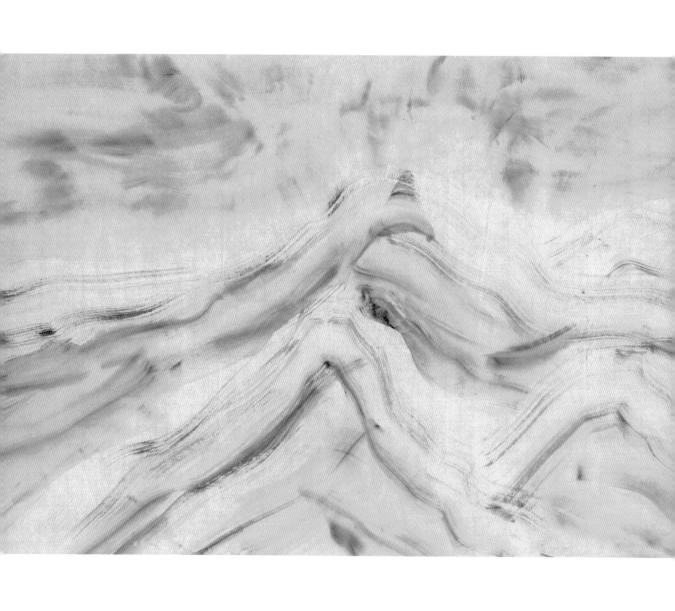

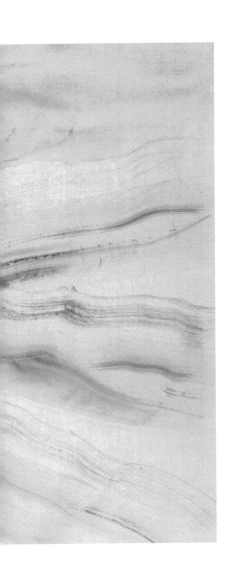

五力總和，
成就光明的價值與利潤。

當企業人的美心善意，他的智慧、他的創意、他的願景、他的慈
悲、他的執行力，這樣總和產生的績效，則是他的利潤。

具足智慧，讓我們永遠能找到最佳的機會，善用最佳的結構來創
造最大的利潤。
當然，這個利潤不應用自利短視的心去達到，否則很快就會出現
問題。

真正的利潤，是用慈悲善意去創造，所以這利潤就是回饋福報，
如此交互輾轉，形成善性循環，必定能夠創造一個最幸福、最光
明的大環境。

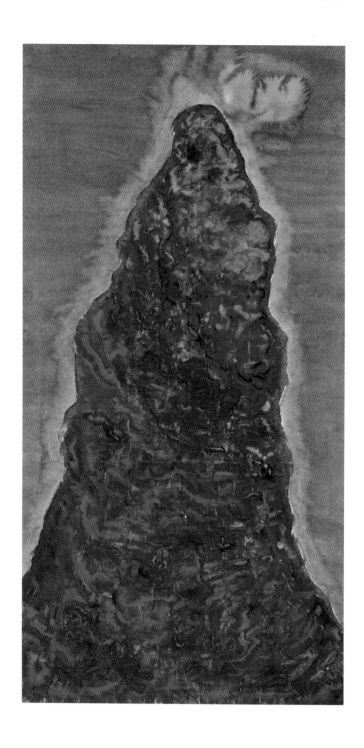

自利，增長貪、瞋、痴，

經濟學，不能只是依靠一種由短期的經濟現象創造出的一種自利模式或經濟思想來宰制。有些只是像煙火一樣，只有短期的絢爛效果，也並不一定適用地球。只有用智慧與慈悲將人心昇華了，才能發展更出好的制度。盲目的自利，只會增長貪、瞋、痴。

佛經中有一個寓言故事：

有一個窮漢，看到富人身上閃閃動人的黃金，非常羨慕。於是他每天辛勤的工作，經過很長一段時間，終於存滿了小小一瓶黃金。他在床下掘了一個洞，將黃金小心翼翼的埋在裡頭，深怕被人偷走。夜裡只要有一點風吹草動，他就驚醒過來察看，一直到他年老了，畢生的積蓄共存滿了七瓶黃金，都埋在床下，他孤身一人，日日在失去黃金恐懼中，沒有一天睡得好。最後，年老命終時，他投胎成一條毒蛇，繼續守著他的七瓶黃金。

這樣的故事，您是否感到很熟悉呢？

盲目的自利，增長自心的貪婪，賺了錢之後，永遠想賺更多，獲利不如預期，或者看到對手扶搖直上，不由得怒火中燒，開始炒短線、鋌而走險，做出損人損己愚痴的行徑。

人的貪瞋痴是需要昇華的，不斷強調自利的結果，只有更加增長人心的貪瞋痴，最後不但傷害自己的身心，對全體也產生傷害。

把自利昇華爲慈悲與智慧。

如果要將這兩者合在一起的話，只有將自利昇華，將自利轉化為慈悲，自利而能利他，而理性又能自由，就需要智慧——佛法的智慧。

人類在這一場地球人間化的戰役之中，滿足了我執、虛榮與控制欲，但同時由於不了知法界宇宙的因緣法則，也將自己推向絕滅的邊緣，引起了整個地球生命圈的反撲。

現在已經到了生死存亡的臨界點，人類的上昇或下墮，已不能再僅依止於外在的科技文明，而必須有更深層的覺悟超脫；促成人類生命的再進化，人間世界的再昇華。

21世紀，有著向上昇華的機會，更有著向下沉淪的危機，菩薩是在每一個時代，都能站在風雨中，創造更新時代願景的人。

如同具有智慧的商主，

相傳在佛陀最初成道之時，有緬甸商主兄弟得遇佛陀，蒙佛教化，並獲贈佛髮，後依天神的指示，建佛塔養佛髮，傳說中即著名緬甸大金塔的起源。

引領商隊創造眞正的財富
圓滿歸來。

在經典中「商主」的意象，經常是集慈悲、智慧與勇氣於一身的
代表性人物。
他帶領著商人團隊，歷經遙遠艱險的旅程，一路守護大眾，最後
滿載財寶，安全歸來。

要以自利利他的心
完整觀察，

經典中的菩薩商主，經常要帶領五百人規模的商團，或出海採購奇珍異寶，或到國外貿易。在籌備期間，對要行走的路線，必須詳細勘察每天的餐飲、住宿、車馬等交通工具的安排、路上可能遇到的天災及土匪等危險等，思考如何帶領商團安全抵達目的地，滿載而歸。

只以自利的心，觀察這一切資訊的時候，難免出現偏頗的扭曲和取捨。只有用自利而又利他的心去觀察，才能獲得完整的資訊。

設身處地感受對方的
需要，

在佛法的修鍊方法中，有所謂的「自他互換法」，也就是將自己
和他人的角色互換，體貼地感受對方的需要。

以自利利他的心完整觀察，自然能全面觀察，掌握正確的資訊，
關懷體貼消費者的需求，自然能開發更有力的產品，創造更多的
財富。

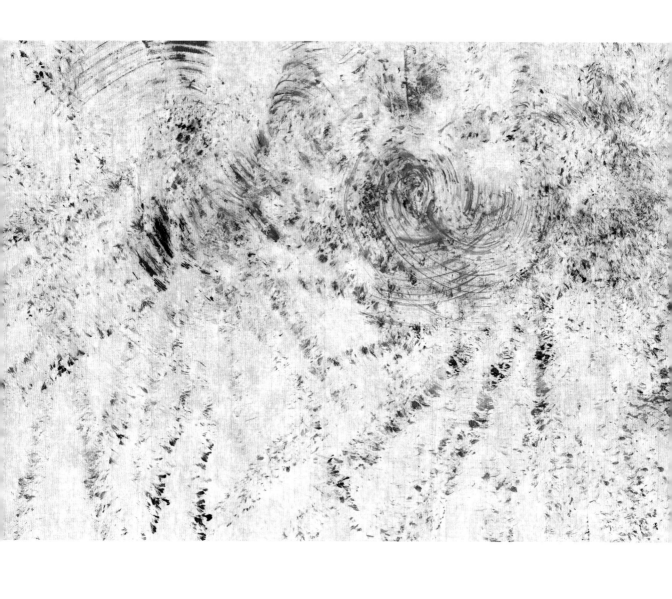

關鍵時刻不惜犧牲自己，

而這些商主，有時為了保護商隊的安全，甚至願意犧牲自己的生命。

在經典中有無量無邊的諸佛菩薩，他們圓滿成佛之前，都是由於悲憫眾生的緣故，發起了廣大的悲願，經過久遠時劫的努力實踐，而成為具足大悲大力的圓滿佛陀。

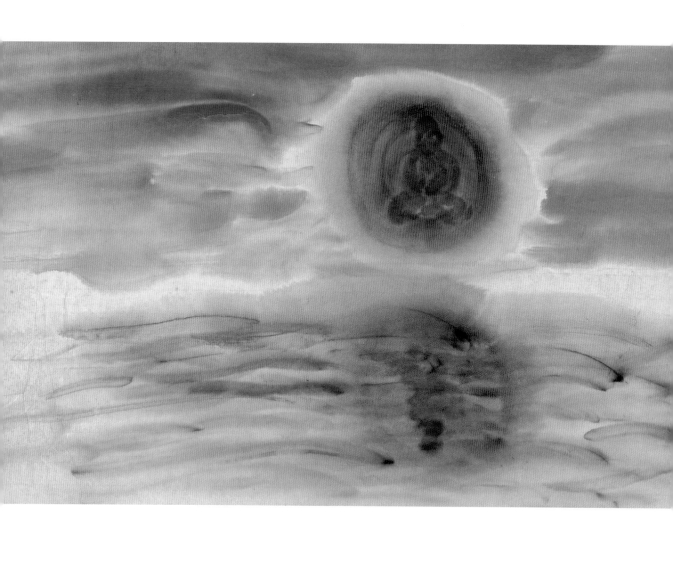

圓滿眾生，成就自己。

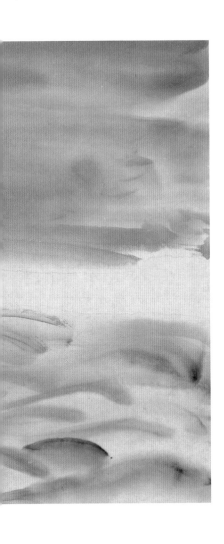

釋迦牟尼佛，發願生生世世在穢土度化眾生，當他在往昔眼見大家都希望前往清淨的世界，無人願意前往污穢煩惱的世界度化眾生，他感到非常悲傷，因此發願到穢土濟度眾生。

由於穢土的眾生煩惱特別重，為了幫助他們，他不斷發起堅定的心志，學習種種善巧方便法門，幫助眾生遠離痛苦及痛苦的原因，臻至究竟的幸福。

而他也在這累世不斷幫助眾生圓滿的過程中，積聚了無比的福德，反而比他早發心修行的彌勒菩薩，更早成佛。

因為彌勒菩薩是發願先圓滿自己再度化眾生，猶如「點睛畫龍」；而釋迦牟尼佛則是發願先圓滿眾生再成就自己，則是「畫龍點睛」。

佛陀做過十九世的商主，

在《根本說一切有部毘奈耶藥事》卷十五佛陀本生的偈頌中，就記載佛陀過去生曾有多達19世的本生作為商主，供養如來、發心修行的事蹟。

而經典中也記載著許多商主菩薩以慈悲力為眾生謀求幸福、守護商隊，以智慧力帶領商人渡過重重險厄的感人故事。

曾有普施商主，
發願取回三顆如意寶珠，

以下是記載在《六度集經》中的故事。

佛陀本生中，有一世曾為商主，名為「普施商主」。普施從小有大志向，不但發願以佛法濟度眾生解脫生死，更發願取回傳說中的三位天神的如意寶珠，救濟一切眾生遠離貧窮。這三顆寶珠，分別是由銀城宮殿、黃金城及琉璃城的天神保管，而且城外都有兇惡的毒蛇，用巨大的身軀將城堡重重圍起。

普施遠渡重洋，穿山越嶺，抵達了銀城宮殿所在之地，遠遠就看見巨大的毒蛇，吐露著蛇信，眼睛像兩盞巨燈一樣巡視守衛著。普施並不害怕，他思索著，「如果硬闖，恐怕難以倖免。毒蛇之類，必定有瞋害之心，我應該入於慈心三昧，以慈心的力量來降伏瞋毒。」普施了知慈心觀是對治瞋心之毒最好的方法，於是他在遠遠的地方，禪坐入於慈心三昧，祈願一切生命去除惡念業障，早日圓滿廣大覺悟，如佛無二。在普施至誠專注的心念下，慈心三昧罩了毒蛇，收起了兇惡的毒性，溫和地睡著了。普施進了銀城宮殿，天神非常歡喜，留他住了三個月，每天親自供養天饌妙食，請普施為他宣說佛陀苦、空、無常、無我的妙法。

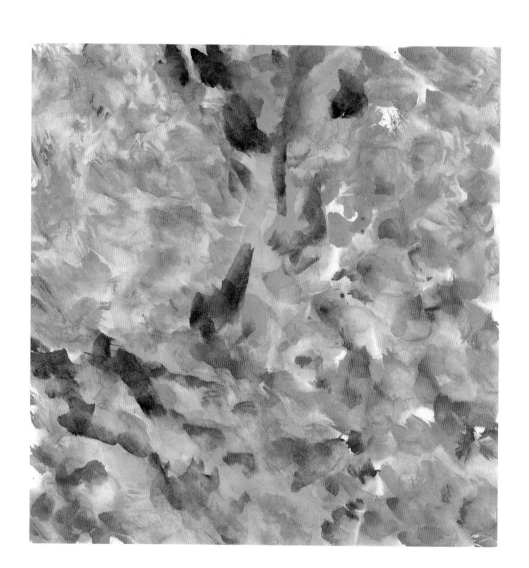

降伏銀城、金城、
琉璃城的毒蛇，

三個月過去了，天神依依不捨地為普施送行，並將第一顆神珠送給普施。

普施千里跋涉，來到黃金城所在之地。守城的毒蛇比銀城大上一倍，它的身子繞黃金城廿一圈。普施不害怕，堅定為眾生求取寶物的心願，同樣用慈心三昧的力量降伏了毒蛇。

黃金城的天神早已久聞普施的威名，留他住了半年，執弟子禮，請其宣說法要，最後將第二顆神珠送給他。

雖然經過這麼長的時間，在銀城和黃金城受到天神的禮敬供養，也得到兩顆寶珠，但普施從未忘記最初的救度一切眾生遠離世間貧窮、到達圓滿覺悟的心願。

他繼續旅程，來到琉璃城。同樣以慈心三昧降伏了毒蛇，進入城內。天神請他稍事停留說法。

「聖者，若您成佛之後，願我能成為您的弟子中智慧第一者。」天神祈願之後，就將第三顆寶珠送給普施。

以一瓢瓢舀乾大海的精神，

正當普施功德圓滿，要返回家鄉之時，擁有三顆神珠的事，卻引發了海神、龍神的震動。為此諸位海神和龍神召開了緊急會議。「這三顆神珠是大海最珍貴的寶物，都被他取走了，此事非同小可。」於是海神中有機智者，想出了一個法子，化身為凡人，在普施回家的路上等著，假意搭訕。同行了一段路途之後，由於三顆神珠光明晃耀，他假裝好地奇向普施借看。

普施一拿出神珠，海神立即現出原形，一拳擊倒普施，搶了神珠。「還給我！這是我歷經各種險難，為了要救度一切眾生遠離貧窮的珍寶。你如果不還我，我就將你大海的水舀乾！」
「哈哈！我還是第一次被人這樣威脅呢！把海水舀乾恐怕比摧毀空還難吧！」海神毫不理會，帶著寶珠揚長而去。

沒想到普施奮力跑到海邊，真誠發願，願取回寶珠廣度眾生，就開始一瓢一瓢地將海水舀出。天神被他的精神感動了，也下來助他一臂之力。

永不間斷地為眾生的
福祉和覺悟而努力。

海神們開始緊張了，他們獻上許多珍寶，希望普施能停手。普施拒絕了，堅持要帶回三顆神珠才肯停手，海神只好乖乖奉還神珠。普施歡喜地帶著神珠回國，沿途他一路布施，並行教化，經過的國家，人民都奉行五戒十善，治安良善，朝向覺悟圓滿之路。回到故鄉之後，他還是持續實踐最初的願景，具體實踐，造福百姓。

普施幫助一切眾生遠離世間貧窮與圓滿究竟解脫的心願，形成他生命的願景，並驅動他學習種種法門，以智慧力克服種種險難，以強大的執行力，冒險患難，求取寶珠。
而在他實踐的每一個過程中，包括毒蛇、天神，沿途的人民國家，都受到他的幫助和教化，這是他廣大的慈悲心所具足的方便波羅蜜。

這是佛陀身為普施商主的本生，也讓我們看到佛陀在累生累世的生命足跡中，不間斷地為眾生的福祉和覺悟而努力。

菩薩商主乘法船，
自在暢遊生死大海，

由於商主這種慈悲、智慧兼具的形象，因此，經典中也常以商主來比喻菩薩。

在《方廣大莊嚴經》卷一中說：「如大商主乘大法船遊生死海，得三十七菩提之分無量珍寶，而於佛法得陀羅尼，憶念修行終不錯謬。」

經中將菩薩的修行，比喻如同大商主乘大船到海中尋寶的過程，菩薩乘著大法船，遊於生死大海，以三十七菩提分等無量法寶，能總持無量佛法，憶念修行無有錯謬。

用大智慧創造目標，
用大慈悲心救護眾生，

在《大方廣佛華嚴經》卷七十八中，說：「以大慈心救護眾生，起大精進波羅蜜行，作大商主護諸眾生，為大法船度諸有海。」由於這種種因緣，「菩薩商主」在大乘佛教中也逐漸形成一種獨特的概念。

帶領眾生脫離生死險難，
抵達安住佛智的大城，

在《大方廣佛華嚴經》卷二十三中說：「爾時菩薩集大福德智慧資糧，為眾生商主，隨宜教化，令出生死險難惡處，示安隱道，乃至令住薩婆若智慧大城，無諸衰惱。」

菩薩被喻為帶領眾生的大商主，他們要具足廣大福德、智慧資糧，能帶領眾生脫離生死險難等惡處，指示安全的道路，最後抵達安住佛智的大城，遠離一切苦厄煩惱。

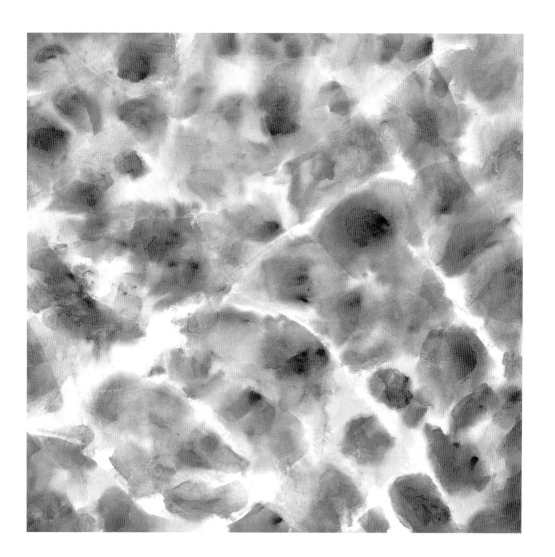

利他又能自利的精神，
是地球企業家的典範。

佛教對商主概念有著十分正面的意含，乃至昇華為「菩薩商主」的概念。但是佛教對商主的期許，與許多現代企業乃至企業家的表現，是無法模擬的。

因此，如何將菩薩商主的概念，落實在企業的永續經營，並成為新時代企業家的典範，是值得我們期許的。

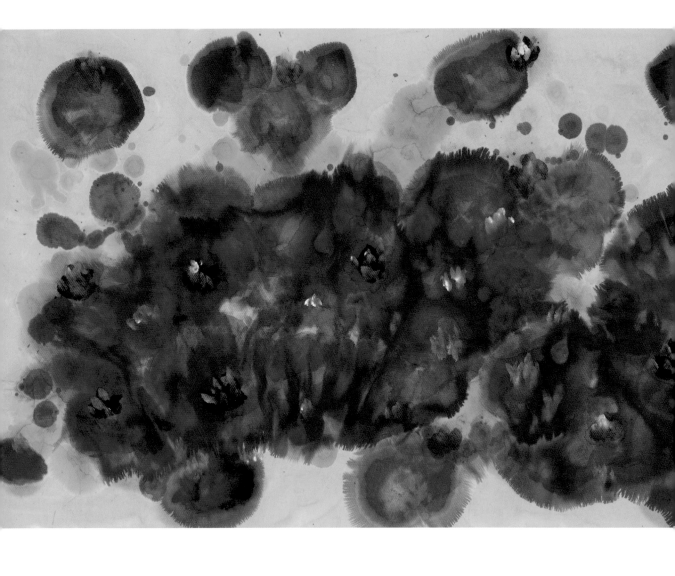

六種波羅蜜，
可以創造永續財富。

當我們面對現代的過度消費，而我們的所有生命也已被消費怪獸所纏縛而不得自由時，應當更能體會原始的佛教經濟學當中，人性、自由、寂靜的喜悅。這種經濟思想，才稱之為清淨、惜福的經濟思想，能帶給生命無限的向上發展，讓生命從輪迴到達解脫。

佛教的六波羅蜜，指：佈施、持戒、忍、精進、禪定、般若，是六種救安眾生到涅槃彼岸的法門。這六波羅蜜，也是創造財富的六個法門。

凱西陪你玩設計

文具女王凱西珍藏十多年的私房設計理念大公開
但她其實要說的是「設計就是心機術」

想走設計這行的你要看
沒想要走這行你的更要看

全民設計的時代來了！
不管是創意市集、小格攤位、網拍零售，乃至於任何消費者，都早就已經被牽入了「設計」大網子中。所以，你怎麼能不知道設計是怎麼回事？
這是一本適合早上起床，突然想知道何謂設計的你，最佳的入門祕笈。
這書，不談大道理，沒有長篇大論和艱澀的專有名詞與望塵莫及的定律和守則。
這書，只會讓你一邊笑呵呵就突然開竅，當下領悟到設計到底在搞些什麼。

在文具界馳名十多年的文具女王凱西，首度將她怎麼踏入這個領域，以及「設計」這一行的迷人與瘋狂全部大公開。書中全部用她自己的親身經歷來講各式各樣的設計概念，讓人哈哈大笑之餘豁然貫通——原來，設計就是這麼一回事！

作者 凱西‧陳

1995年凱西‧陳憑著塗鴉式的文字圖畫之日記傳真，不單創造了風靡百萬少男少女的白上衣藍短褲「凱西」Cathy's goods，更締造了台灣流行文具品牌的傳奇。筆記書、環保袋、書包、萬用筆盒等眾多經典商品，現在都已成為同類商品的標準款式。有華人的地方，就有凱西迷。

2005年，出道十週年、已為台灣繪本教主地位的凱西，發展全新風格，首創遊戲式占卜書《勇氣之書》，榮登金石堂年度圖文類Top10，更風靡華人kidult市場；2007年，接力推出愛情占卜書《愛不愛之書》，同樣大受歡迎。2009年，她推出醞釀多年的告別30代表作《30好幾？》。現在她將她的設計人生涯寫成《凱西陪你玩設計》，同樣以輕鬆幽默的風格，佔領讀者的心。

定價260元

的心，

□種對象。

施波羅蜜呢？我從《金剛經》的精神中，
具體的佈施。

接的佈施對象有三者：企業產品或服務的
眷屬，再者是企業主自身及其家人。
就是產品的使用者。一個企業家永遠用他
悲心，開發最好的產品來服務大眾。這樣
費者更大的回饋。這是企業第一個佈施的

，就是企業內部的員工及其家人。企業的
家人得以溫飽，生活無虞，這是社會安定
定成長，與社會安定息息相關。

，就是企業主自身及其家人。當企業的經
企業主及其家人也蒙獲其利，創造出更大

的幸福。

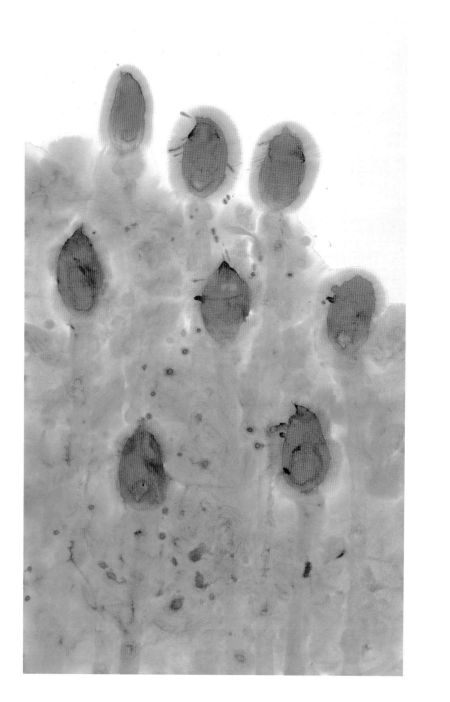

以持戒的心，
安定自身及世界。

持戒波羅蜜：戒律的根本精神，是「自安安人」，是團體生活中必須遵守的軌則，戒波羅蜜能自安心，且不令他人起紛擾之心，可以說是現代化的持戒。一個企業家如何運用持戒波羅蜜？「戒」並不是條文，而是一種保障企業不會陷於混亂的精神。在佛法中，以最基本的「五戒」來做為世間安心生活的規範。這五戒分別是：不殺生、不偷盜、不邪淫、不妄語、不飲酒。

不殺生的精神，可以說是慈心護生，不只對人，對環境，都應恪守慈愍愛護之心。

不偷盜，廣義而言，如果企業為了謀求私利，盜取公共資源，損害環境，將成本丟給整個社會，這也是偷盜的行為。

不邪淫，企業本身的社會形象傳播極為快速，比起個人的行為，影響更為深遠。

妄語相當於欺騙的行為，誠信是企業最根本的原則，商譽可說是企業的生命。妄用消費者對企業的信任，是摧毀企業的力量。

不飲酒是為了避免酒後亂智，做出逾越常軌的情事。因此拼酒應酬，傷身傷神，也是應盡量避免的。

以安忍的心，
超越不斷的變動的時代。

忍波羅蜜：很多人會將忍與壓抑忍耐、犧牲畫上等號，其實不然。有犧牲的概念，是因為有「我」，而忍波羅蜜卻是「無我」的，是由智慧了悟無我的實相，唯有如此才能「耐怨」、「安受苦」，也才是真正的忍波羅蜜。

忍波羅蜜，是一種安住的心。對外在環境氣候的安忍，及對他人向自身的毀譽安住不動，都是忍波羅蜜。

從一個企業的立場來看，外在景氣的起伏變化，乃至面對競爭對手的惡意攻訐，都需要安忍的心，才有清明的智慧來度過難關。

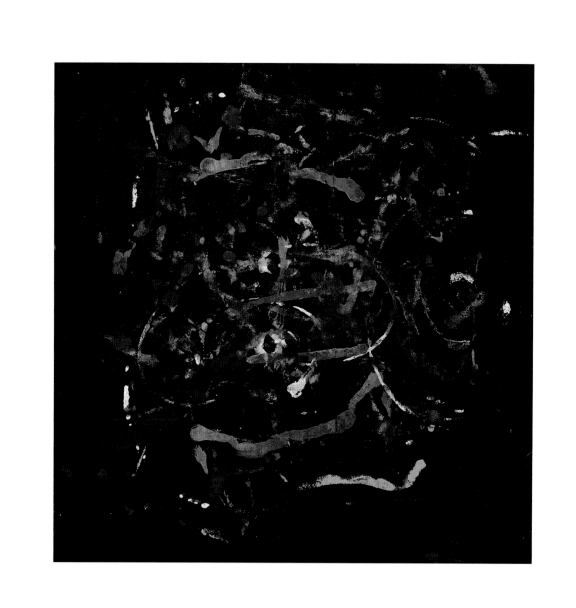

以精進的心，
不斷創新自己與世界。

精進波羅蜜：精進波羅蜜是在成佛的道路上，不斷實踐一切菩薩行，度化眾生。精進波羅蜜的真義是在過程中，而非在最後的目的上。

苟日新，日日新，又日新，以今日之我超越昨日之我，不斷創新求變，正是企業的精進波羅蜜。如何時時感受到不同消費族群的需求，與時俱進，這是企業的精進波羅蜜。如果只貪戀著目前的成果，不求進步，那麼再大的企業也可能像恐龍一樣，在急遽的氣候變化下，從地球上消失。

以禪定的心，
創造長遠的安定。

禪定波羅蜜：禪定是產生智慧的根本修持法，禪定的修持不僅止
於坐禪，而是在二十四小時的生活都安住於禪定，而產生智慧，
了知生命實相。

禪定是一種專注而放鬆的力量。現在越來越多的企業，鼓勵員工
透過禪定的學習來抒解壓力，增長健康，大幅降低公司花費在心
理輔導與員工醫療的成本。
禪定，幫助我們擁有安定的心，也創造長遠的安定。

以般若的智慧，
創造最大的價值。

佛法以般若智慧為核心，也就是能向內心觀照，洞察實相的智慧。在經典中常以眼睛導引方向的重要，來比喻一切萬行應以智慧為前導。而菩薩自利利他的智慧行，又稱為「般若波羅蜜」。

般若的智慧，也幫我們洞察財富空性的本質，並從這種洞察中創造財富。

般若才是一切偉大財富的核心。

在瞬息萬變時代，智慧波羅導引企業不會走向短利的歧途，幫助企業能在各種環境裡，找到最好的機會，為全體企業及廣大的消費者，創造最大的利益，積極地自利、利他。

以放鬆而專注的心，安住在光明中，這時觀察外境也是完全清楚的。
佛法的般若就是要去除所有心內的障礙，與外境的迷惘。讓心如明鏡，如實映照外境。

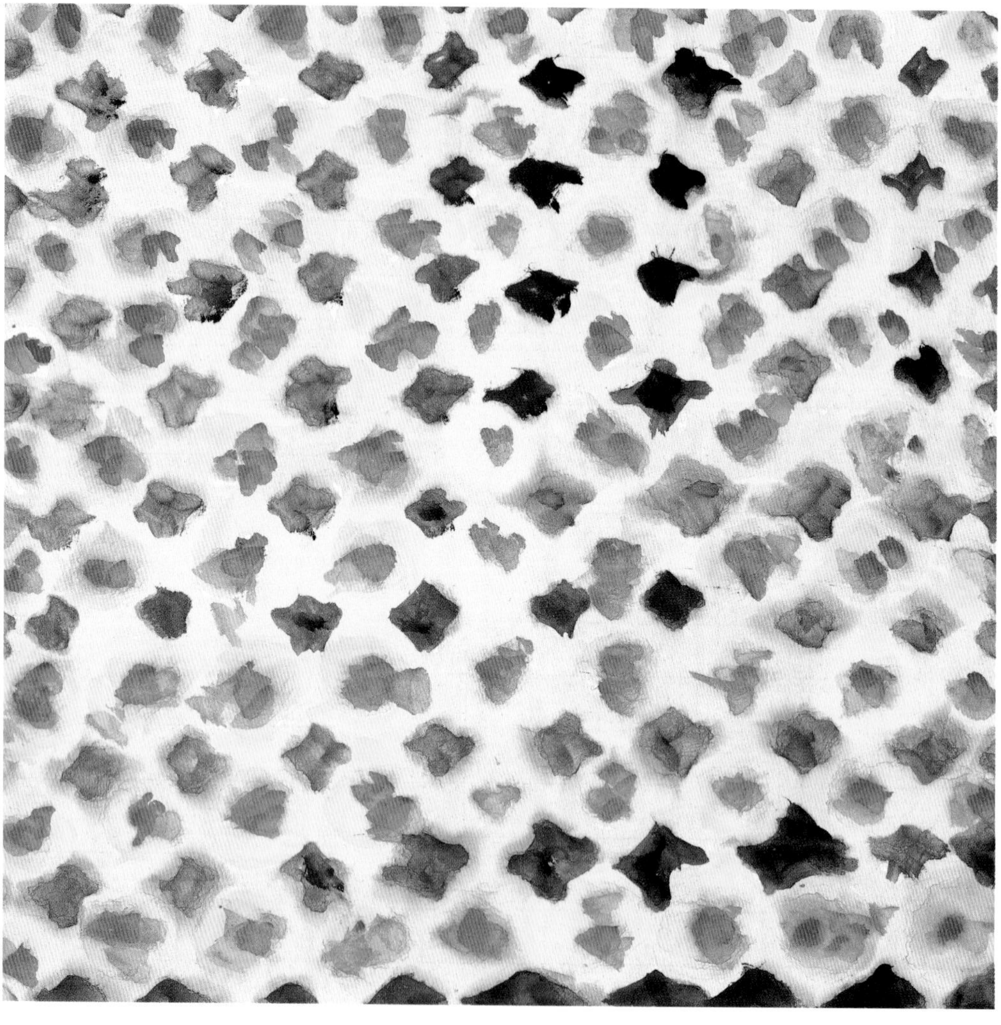

在無常的世界中，實踐對自己及地球有利的事。

先選擇做對的事，再把事情做對。

但一般人經常把事情做得很對，卻沒有選擇對的事來做。

資本主義是一個最鮮明的例子，它運用經濟學的高效率，在極短的時間內，讓經濟成為人類社會結構的核心議題，卻在錯誤的原則下，對人類自身乃至外在的環境、結構造成可怕的傷害，讓現代人陷入了多重困局。

資本主義的歷史在人類經濟史中極為短暫，更何況是地球史？

人類文明在近代兩百年中，從工業革命、資本主義到帝國主義的發生，也歷經了第一、第二次世界大戰。

在這快速的變化中，資本主義的現代生活完全消費化，更密切地影響著我們的生活，甚至可以說，佔據了我們生活的主體。

菩薩是在站在風雨中，
創造願景的人。

經濟學，不能只是依靠一種由短期的經濟現象，所創造出的一種自利模式或經濟思想來宰制。有些只是像煙火一樣，只有短期的絢爛效果，也並不一定適用地球。只有用智慧與慈悲將人心昇華了，才能發展更出好的制度。

二十一世紀，有著向上昇華的機會，更有著向下沉淪的危機，菩薩是在每一個時代，都能站在風雨中，創造更新時代願景的人。

六大菩薩與財富的創造。

佛經中記載了無數光明的淨土，都是無量無邊的諸佛菩薩，以廣大的慈悲心和願力，久遠時劫的生命投入所建立的。這些偉大的生命，可以做為我們實踐生命願景的典範。

以下我們介紹與人間特別有因緣的六大菩薩。這六大菩薩除了包含在中國最著名的四大菩薩：大悲觀世音菩薩、大智文殊師利菩薩、大願地藏王菩薩、大行普賢菩薩；並加入這個時代特別需要，能帶給大家喜笑歡樂的大慈彌勒菩薩，與帶給大家力量的大力大勢至菩薩，總共為六大菩薩。

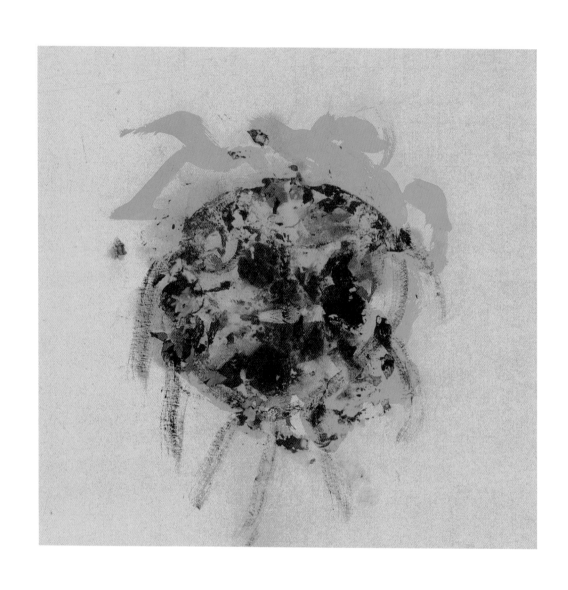

以觀世音菩薩的大悲，
拔除貧窮。

觀世音菩薩，又稱為觀自在、觀世自在、光世音、觀音菩薩。
在大乘佛教中是顯現大悲，來拔除一切有情苦難的偉大菩薩。

貧窮，不只是沒有錢的貧窮，也包括了身與心的貧窮。
有的人雖然很富有，但是心卻很貧窮，無法安適地過最快樂幸福
的生活。
一個人如果心裡感覺窮，就會貪，就會選擇不正確的方法
（痴），掌握不到正確的方法，達不成目標，就會瞋怒。
就外在上來講，貧窮造成生活條件的困苦。
貧窮，心就迷失了，生命力就降低了，無力地困在貧窮的狀態
裡。

觀世音菩薩的大悲，能幫助我們從內到外，去除種種貧窮的苦
厄，拔除心中最深層的貧窮種子。

以文殊菩薩的大智，
斬斷和財富相關的煩惱。

文殊菩薩常與普賢菩薩同侍釋迦牟尼佛，是釋迦牟尼佛所有菩薩
弟子中的上首，所以又稱為文殊師利法王子。
文殊菩薩代表大智，而大智的背後正是深廣的悲願。

在諸多煩惱中，由財富所引發的愚痴煩惱可以說是最常見、最糾
纏的。沒有錢的煩惱，就如同前面所說貧窮的煩惱；相反的，有
錢也會使人煩惱，有的人被錢壓得喘不過氣，錢越多，他的煩惱
越多，財富侵蝕他的生命，造成他痛苦的根源。
另一種財富的煩惱，是沒有智慧去善用財富，無法讓生命得到最
好的滋潤，讓生命創造最大的價值。

我們要學習像文殊菩薩一樣，仗劍騎獅，手執智慧寶劍，斬斷一
切財富內、外的煩惱。

以地藏王菩薩的大願，
創造財富的願景。

地藏王菩薩是以「地獄不空，誓不成佛」的廣大悲願，而被稱為「大願地藏王菩薩」。

地藏，顧名思義，即是使一切潛伏在大地的寶藏。能賜予眾生無盡的福德、智慧、財寶，及解脫煩惱的珍寶。

地藏王菩薩象徵著大地與大願望，在一般人都認為已經絕望的條件下，甚至是在地獄裡，他都能以其大願，出生光明的希望，幫助眾生超越，達到圓滿的境地。這樣的願，不只是一種願景，更擁有很強大的力量。

財富的煩惱，壓力大時經常讓人憂心喪志，萬念俱灰。然而，我們應該提醒自己：即使在地獄般惡劣的境遇裡，都應該不忘初心，像地藏菩薩一樣地，以廣大的願力來幫助我們重新生起光明的希望。

所以，在任何困境中，都要相信自己有超越的力量，永不放棄。

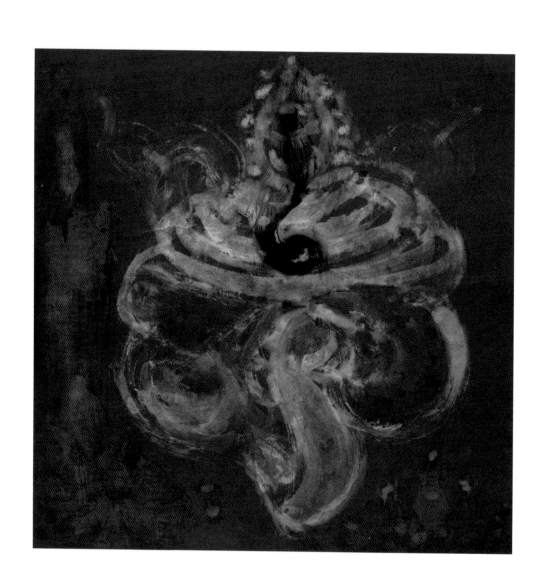

以普賢菩薩的大行，來實踐眞正的富足。

乘著白象的普賢菩薩，是大乘菩薩的代表，象徵圓滿的實踐力與執行力。

在法華經中描述普賢菩薩帶著無量無邊的菩薩眷屬，從東方世界來到娑婆世界的途中，所經過的國土無不廣大震動，雨下種種珍寶所成的蓮華。可見普賢菩薩的自在神通、廣大威力。

普賢菩薩廣大的實踐力，猶如他的坐騎——巨大的六牙白象，一步一腳印，安穩向前行，全面推進，使命必達。對所有的路徑，他會仔細勘察，了解各種可能性，排除可能的障礙，永不停滯。

圓滿財富的過程是漫長的，需要細密的規劃與長遠的實踐力，我們要具足普賢菩薩廣大的實踐力，步一步，安穩落實下來，心志清明，步伐安定，讓財富的圓滿過程，不斷被實踐，永不停滯。

即使金融海嘯席捲全球，我們也能掌握心的方向，不會被混淆了步伐，安定地向前行。

以大勢至菩薩的大力，
超越困局。

大勢至菩薩與觀世音菩薩，同為西方極樂世界阿彌陀佛的脇侍，此三尊被稱為「西方三聖」。大勢至菩薩具足力大力，經典中說他在走路行進時，十方世界一切大地皆會震動，所以被稱為「大勢至」。

大勢至菩薩的大力，來自其大定，大勢至菩薩每日入於甚深禪定，不浮動的心，成就他的力量，能撼動所有的困局。

圓滿財富的過程中，即使計劃作得再縝密，有時也會遇上巨大的難題，或是措手不及的巨變。我們應該學習大勢至菩薩，以平日蘊積的定力，面對現實，見招拆招，水淹土擋，以最大的威力來破除障難，無畏向前！

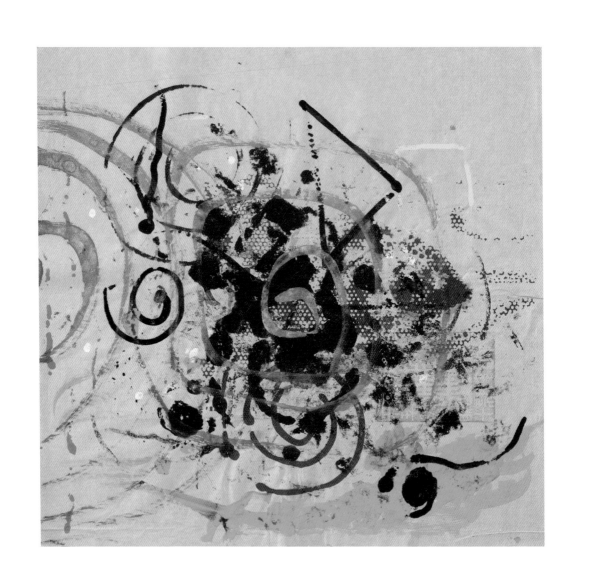

像彌勒菩薩般，
永恆地微笑。

彌勒菩薩又被稱為「慈氏」、「阿逸多」菩薩，是佛教中代表大
慈力的菩薩，給予一切眾生快樂。也就是說，他是一位能為所有
眾生帶來喜悅光明的菩薩。

由於他將繼釋迦牟尼佛之後，在我們世界當中成佛的菩薩，所以
又被稱為「彌勒佛」。

這個時代，不只是失敗的人苦悶，表面上成功的人也苦悶，只是
外表要裝得快樂。

彌勒菩薩不是化除了與自身所有的對立，也化除了與一切眾生之
間的對立，從身到境及其他人，為所有眾生帶來最深層的喜樂，
幸福的成功，最深刻圓滿的財富！

人可以被購買的時代，

有一天，我做了一個夢，夢見我成了百貨公司架上的商品，每個部份都被標上了價格，連我的頭腦也被標上了價格。不僅如此，旁邊的所有人，身上的每一個部份，也都分別被標上了價格，陸續被買走了。面對這種生命變成商品的處境，我感到十分悲傷，流下不忍的眼淚。忽然間，一股溫暖的光明從心中流出，所有人身上的標籤消失了，每個人又回復到完整的「人」。

人被徹底物化之後，就成了可購買的，除了身體的器官，甚至連靈魂也成了貼上條碼的商品，浮士德不再是人類墮落的象徵。
未來的路，有一半是從現在，甚至更早的過去就已經架構完成了，如果不及早警覺，人類很有可能在不知不覺間，突然被自己創造出的巨獸所豢養了。

也是心靈泡沫的時代，

相對於經濟泡沫，現在也形成「心靈泡沫」時代。

當我們變成職業人，職業就把我們控制住了，我們本來是一個人，去工作，但現在我們是「被工作」了，生命脫離了完整的人的型態，被所創造出的來幻影，掌控了我們自身。我們創造了「經濟人」、「職業人」的概念，現在這個概念回過頭來，猶如母體一般，控制了我們的人生。

現在在網路，又創造了「Next Life」的概念，在網路的第三人生，來創造自己的人生價值。但這還是網路上的虛幻人生，我們的生活被幻象化了，被虛擬化了。

這並不是一個好辦法。我們還是要回到原初完型的人，自我超越，否則會永遠在幻象上頭上安頭，在幻象中建構我們的人生。

主、客體弄清楚了，我們才能過好自己的人生。

人需要成功的生命過程，而不是目標。

諸佛菩薩以偉大的願力，久遠生命的投入實踐，成就光明的淨土。現代人也應該善用這樣的願景力，我稱之為「成功心象學」。

偉大的生命是靠願景來創造的，我們回觀自己的心，自己有什麼願景？整個公司有什麼願景？有的人希望擁有財富、成功，但我要提醒大家，擁有財富是幫助我們來完成願景的，是方法，不是目標。成功更應讓包含完整的生命過程，不是一個單點。

需要學會對自己的慈悲。

我們第一個要慈悲的對象，是與我們24小時相處的自己。

我常請大家思惟這個問題：「你對自己慈悲嗎？」
想想看，是否為了事業，經常傷害自己的健康？
是否為了事業，而做了讓自己良心不安的事情？
是否為了事業，經常緊張到無法入眠？
什麼是「慈悲力」？你有沒有對自己慈悲呢？有沒有照顧好自己？「慈」是給予快樂，「悲」是拔除痛苦，你有沒有每天把自己的痛苦拔除掉，給自己快樂？有沒有給予自己的親人，妻子、先生、兒子、父母快樂？有沒有讓和你合作的事業夥伴、你的員工、你的同事、你的顧客感到快樂？

這些都是慈悲力最佳的檢測。

需要有觀微知著的智慧。

當然，人類一直需要觀微知著的智慧。只是，在二十一世紀的今天，我們之所以特別強調需要「觀微知著」，是因為今天的變動，都是來得極快，極大，並且一來就足以讓你沒頂。

在過去，動輒幾十億美元資產，擁有數十萬員工的企業，曾被認為是最成功的企業代表。曾幾何時，這種巨大的恐龍型企業，卻瞬間倒塌，令人措手不及。

所以，在變動來臨之前，是否能具有觀微知著的智慧，也就是是否能具有及早應變的能力，極關緊要。

一個具足智慧力的人，不會等發生問題時才反應，而是能在問題發生之前，見微知著，洞燭機先，在危機發生之前就化險為夷。

具足「智慧力」，讓我們面對巨變不再只是恐慌，能安定心志，痛定思痛，調整腳步，重新出發。

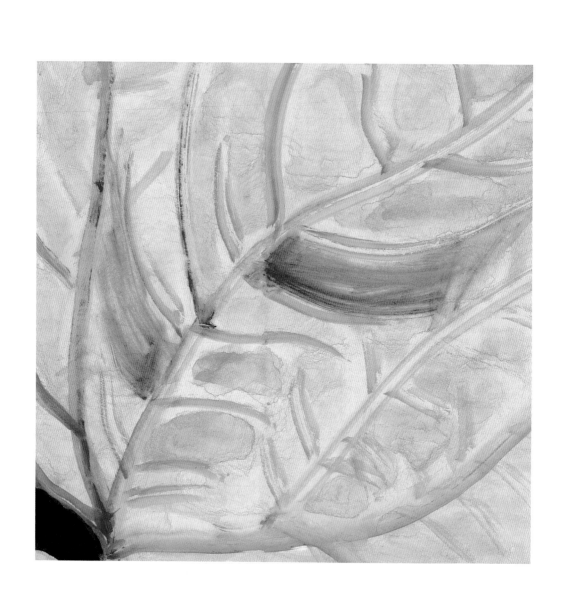

需要有放鬆而專注的覺性。

現在的失敗，經常源於過去的成功，受限於成功的經驗不但無法成為進步的基石，對成功的患得患失，成功造成的鬆懈，不求進步都是造成失敗的原因。

要時時對自己有這種觀察與注意的覺性，就要身心時時放鬆而專注。

只有讓身心放空，時時歸零，不被過去的經驗所制約，才能以覺性來促進自我的進化。

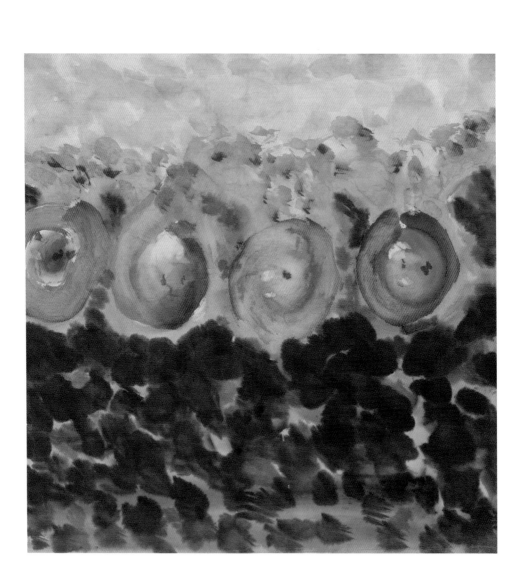

需要有創造理想的熱情。

很多人在剛投入工作時，充滿了熱情，但不久之後就發現，工作不再是熱情的所在，而成了生命的詛咒。

人「去工作」和「被工作」是不一樣的。

「被工作」的人，工作只是工作，但非關生命內容，只是付出生命，並非增長生命。當人被工作了，被職業控制了，就脫離了人自身。百丈禪師提出「一日不做，一日不食」的概念，他選擇以工作勞務來回報世界的恩德。他是一個「自由人」。

21世紀的人間，充滿著種種巨大的變動，與困難挑戰。但，這些變動也是最好的創造理想的機會。我們需要創造理想的熱情，讓自己「去工作」而不是「被工作」。

「被工作」，不免向下沈淪，「去工作」卻可以向上昇華。

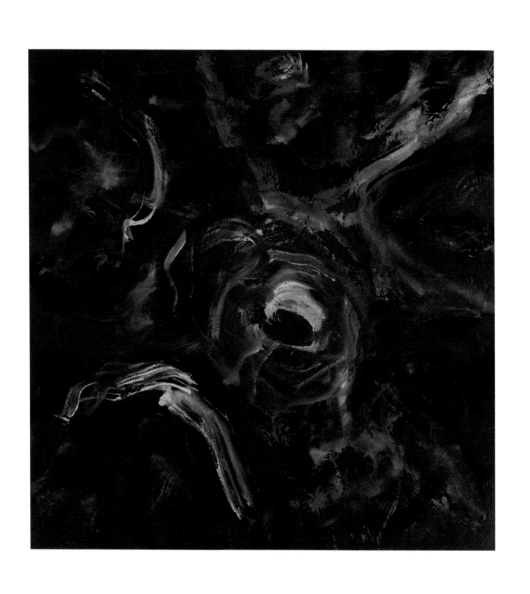

五長的光明人生自然來。

我們的生命能滿足以上五種需要，自然能達到「五長人生」：

長壽：充滿旺盛的生命力，自然活得久。

長春：了知自身的健康是一種責任，自然會珍視自身，永保青春活力。

長樂：主動積極開創人生，而不是無奈的被驅動，心情快樂不鬱卒，自然長樂。

長效：善用各種條件，讓人生產生更大的績效。

長值：讓自己的生命，為社會創造最大的價值。

這是自利利他、自圓圓他的美好人生。

一隻看不見的手，
會活動經濟。

西方經濟學及經濟發展的根本原則：理性的自利。亞當史密斯的
《國富論》，在這個基礎下，提出在追求個人利益的過程中，同
時也推動了社會利益。

他將這種動力稱為：「一隻看不見的手」。

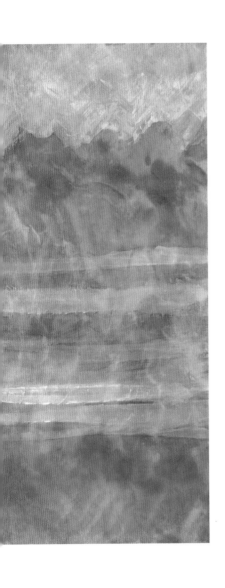

一隻看不見的手，
也會遮住我們的雙眼。

經濟學的立場，是假設人人都是理性的，但事實上，「自利」卻
是非理性的。

「自利」就像是凹凸鏡，它所映照出來的景象，會把自己放得很
大，無法如實而觀。這就是經濟學的悖論。因此，經濟學需要用
許多技巧來掩飾自己基本悖論。

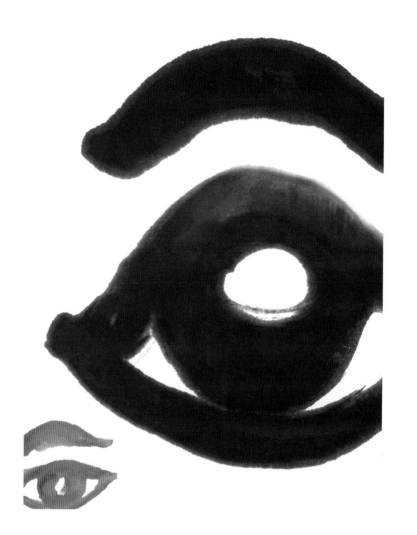

自利會拍賣智慧與理性。

如果要將自利和理性融合在一起的話，只有將自利昇華，將自利
轉化為慈悲，自利而能利他。
而理性又能自由，就需要智慧。

無明的利益，
會使人失去目標，

「人為財死，鳥為食亡」，在一般人看起來是非理性，但是在經濟學家眼中，是理性還是非理性？

癌細胞為了自利，不斷擴張，不斷自利的結果，它成功之時，也正是母體死亡，同歸於盡之時。

在沒有完整的智慧下，似乎是「理性的自利」，卻正是「自利的非理性」。

自利的慣性淹沒了理性，因為追求財富而失去了財富。

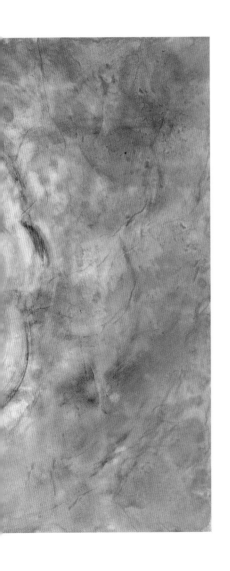

生命的幸福度降低，
蠶食生命中的幸福。

於是，在個人的層次上，會產生哪些問題——

現代人一方面擁有歷史上從未有過的進化機會，另一方面卻又滿懷著壓力與毀滅的恐懼。

現代人在物質文明方面，雖然生活更方便、更舒適；但同時卻讓身心更緊張、更焦慮。科學的快速進步，物質文明得到長足的發展，但是我們的智慧、心靈與身體健康，卻無法同時得到相對的提昇。

在自利原則不斷的擴張下，我們被一種「理性的不理性」定義了。我們自身，在這個過程中，不斷的被剝離，迷失了自我的存在，造成個人生命被工具化，拿生命換取非真正利益的自利，讓生命的幸福度降低。

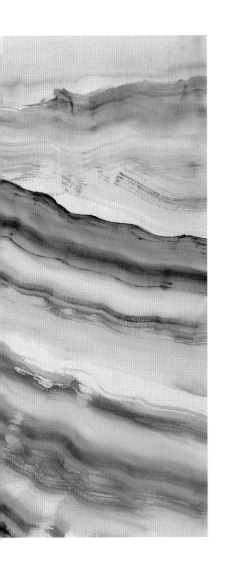

要「自覺人生」而不要
「職業人生」。

在資本主義發展的過程中，我們的生命從完整的「原型人」，被迫成為「職業人」，我們被鑲進職業，被迫成為職業人之後，工作對我們的生命成了消耗而沒有增長，我們被困在職業中無法脫身。

因此，我們創造出網路上的虛擬人生，Next Life，希望圓滿人生的夢。佛法不只幫助每個人回到完整的「原型人生」，更希望進一步幫助每一個生命昇華達到「自覺人生」。

唯利是圖，
是沒有智慧的利益掠奪。

於是，在企業的層次上，會產生哪些問題——

企業以利潤為中心，不斷貪婪擴大自己，失去以幫助生命成長、創造公司全體幸福的本旨，將財產變成私有收入，將自身的成本，變成由社會共同承擔的成本。

這也就是為什麼會有2008年中國駭人聽聞的三鹿毒奶事件，及各種黑心食品、黑心電器等傷害消費者的產品流入市面的原因。

唯利是圖的企業，不斷擴張自己，讓社會捲入不斷競爭的體系。

把價值單一化，
是迫害自己的生命。

特別是當許多公司變成全球化時，不斷地攫取落後地方的資源，
擴張自己的勢力，造成極端的不平等。

隱藏的黑心食品，是大家所驚恐防範的，但卻有另一種型態企
業，利用行銷包裝，透過全球化，將廉價的文化傾銷到全世界。
巨大的速食全球連鎖是最明顯的例子。它把人類多元的飲食習慣
統一了，讓生命的厚度、獨特性，在簡單的動作中化約了。

在速食連鎖店內，人們所能做的選擇，不外是漢堡、雞塊、薯
條、可樂。

販售食物給我們的大公司，在利潤動機的驅使下，塑造也限制了
人們選擇食物的管道，及我們認識食物的方式。

速食連鎖賣的是什麼？

它把生命簡單化，把人多元的價值單一化，成為全球化的大企
業。

它以單一動作，單一的營養，但卻盤根錯節深入影響到下一代，
讓一種可能不健康的食物，成為生活主流，市場的力量。

「虛幻經濟學」，
販售「月球的影子」。

於是，在經濟體系的層次上，會產生哪些問題——

2007年美國次級房貸風暴，使得美國銀行體系瀕臨崩盤，迫使美國政府當時以高達全國GDP80%的金額，為美國銀行體系紓困。諾貝爾經濟學獎得主史迪格里茲（Joseph E. Stiglitz）其著述《失控的未來》（*Free Fall*）一書中，將此稱為「美式世紀搶案」。把國家拖進這個大泥沼的銀行業者，本來應該為這個錯誤付出最大代價，然而，他們不但全身而退，同時還從政府的紓困金中搜刮了上百億美元。虧損從銀行的資產負債表上，轉到了政府的資產負債表上，由全民買單。

這種「大到不能倒」的企業，不但為後代留下了巨大的債務，也讓道德風險的問題更惡化。美國金融風暴，相繼引發了全球金融大海嘯，它造成的混亂和恐怖，其實超過毒奶事件、黑心食品的千倍、萬倍。這些經濟專家所建構的「虛幻經濟學」，宛將「月球的影子」賣給我們，並大肆吹噓，在月球的影子上，如何蓋房子，快樂的生活。這些人的心中，唯利是圖，完全沒有慈悲心。

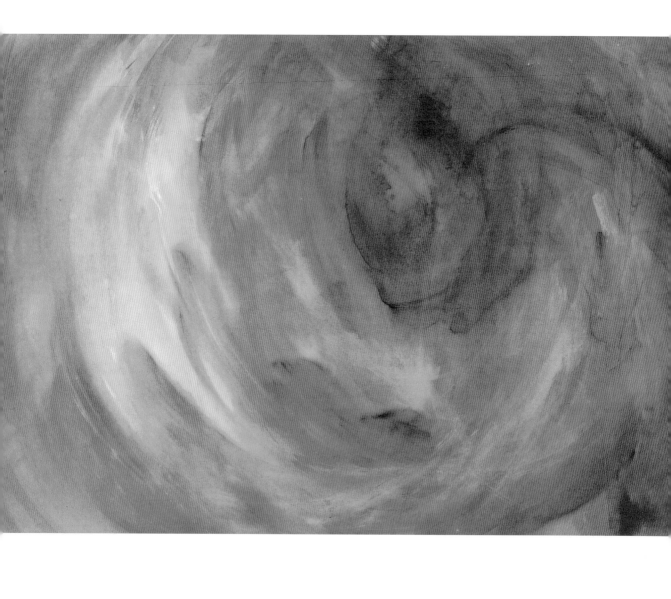

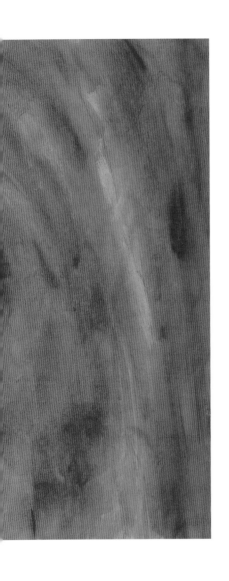

要「地球化」而不是「全球化」。

有人拿起了地球，輕輕的剪開了薄皮，在桌上攤平了。他們在上面塗鴉、畫線，十分方便的畫上了自己的資本主義市場，皮皺的時候，有的再拉一拉，將之抹平。「這是我的地球，平起來很方便。」說著，得意的笑了。很是「全球化」，很不「地球化」。

有人主張：「地球是平的」，這是用一種單一的思維，把地球視為一個市場，也就是「全球化」的概念。用市場經濟，將地球攤平，變成薄薄的一片，整個平板化，用市場經濟限制他的能量，讓他的運作越來越僵化，失去了原創性。

「地球是平的」，帶著原初的帝國主義、資本主義的殖民色彩。地球是立體的、豐富的，每一個地區用其獨有的文化價值，依個別地域的特質，創造出財富的完整，回饋地球，讓每個文化得到富足。地球是平的，是為殖民地強者所鋪的一條長驅直入，攫取各地資源的道路。

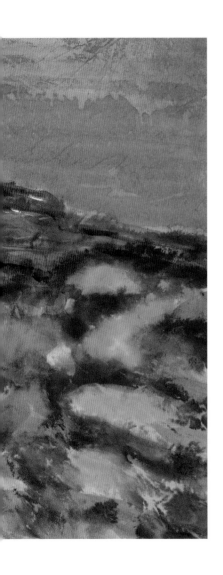

滾燙的金流，
混亂了真正的價值。

以美國為例，透過大量生產、大量消費，利用媒體的操作，將好萊塢、麥當勞等美式文化價值觀，傾銷到世界各地。

像美國這麼窮的國家，卻十分奢侈浪費地使用全世界的資源，就像美國以龐大的資金為國內「大到不能倒的公司」紓困，相同的，美國就像是「大到不能倒的國家」，迫使全球都必須支持它，以免產生比自己的國家倒閉更悲慘的結果。

理論上而言，理應是富國援助窮國，然而事實並非如此。全世界最有錢的美國，每天都要從比它窮的國家借二十億美元。錢從窮國向富國。從開發中國家流向已開發國家的這些錢，有些是為了償還龐大的債務，有些則是用來購買美國和其他「強勢」貨幣國的債券，也是開發中國家的準備金。

2004年，光是從中國、馬來西亞、菲律賓和泰國流入美國的準備金，金額就高達3180億美元。錢本來應該從富國流向窮國，風險則應該從窮國流向富國，但是在目前的全球金融體系操作下，事實並非如此。

有人吃太少，有人吃太多，
他們都病了。

於是，在人類對待人類的層次上，會產生哪些問題——

人類現在糧食的生產總量，遠遠超過了歷史上的每一時刻。世界
的糧食足夠了，但卻有十億二千萬人，超過地球七分之一的人
口，處於饑餓狀態。

但是，「世界衛生組織」的數據卻顯示另一項歷史記錄，全球的
超重人口，竟然高達十三億人，遠超過了飢餓中的人數。

太少人吃得太多，造成太多人吃得太少。

每個人有選擇的自由，
卻沒有選擇的權利。

經濟行為被認為應該是自利理性的行為，當每個人認為自己是理性的原則下，使人們免於集體的飢餓或攝取適當的營養來保持健康。然而，在經濟體系的運作下，卻產生了極為不平等的現象：大多數生產人們所需糧食的農民，卻成為弱勢的一群，農民只能在收購的大賣場所設定的範圍內選擇。

超市裡呈現在我們眼前的商品，並非由我們選擇，也不會包含各種不同營養和口味的品種。食品公司的力量，決定了我們眼前的選擇。

食品生產商關心的問題，以利潤為首要，所以，合乎消費者口味、不易損壞、適合長途配送到各超市、大賣場的產品是首選。為了配合這些因素，消費者的營養則不是主要考慮因素了。這種以利潤為中心的企業，操控了上游的生產者與末端的消費者。

資本主義強調自由競爭，每個人有選擇的自由，但實際上卻沒有選擇的權利。

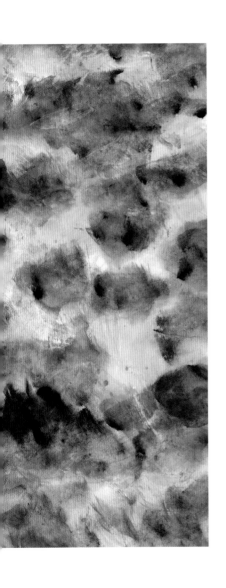

錯把地球的公資源列成私財產的會計科目，

地球生態環境，隨著人類的經濟發展，破壞得更為快速。很多人把企業的會計科目弄錯了。錯將地球的公資源，列成私有財產，將自身應負擔的成本費用，錯置給社會大眾負擔。

我們周遭的環境有很多的污染問題，空氣、水資源，這些污染的現象，大部份是來自工廠大量排除的的廢水、毒氣。工廠為什麼不加以處理而任意排除毒氣？那是因為廠方沒有承擔起應有的社會成本計算，而只是去盜取社會資源，之後，再把此成本丟還給社會，最後，不但後世子子孫孫受到痛苦，或許千年後，他自己也得面對這個苦果。

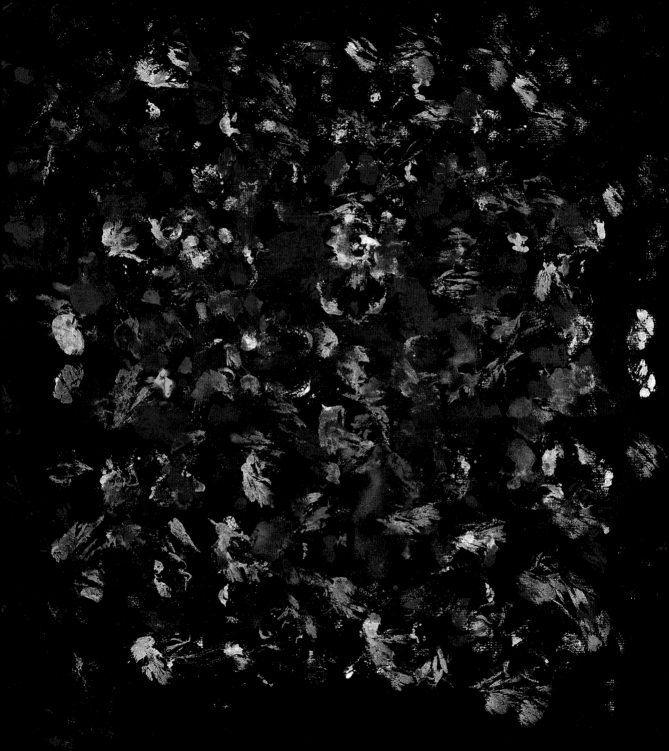

超量耗損地球資源，

1776年，工業革命，亞當斯密提出國富論，奠定了經濟學的基礎。

然而，不斷以自利為原則的發展，雖然在短期內讓物質文明迅速增長，但是否繼續適用於現代？

人類工業文明不過是這一兩百年當中才得到快速發展，已經把整個地球資源耗損成這樣，人類也感受到大地反撲的苦果。我們不要怪這些毒物，這些毒物都是我們心的影子，我們人類心中的貪瞋癡經過轉化，就投射在我們周遭的物質環境上。

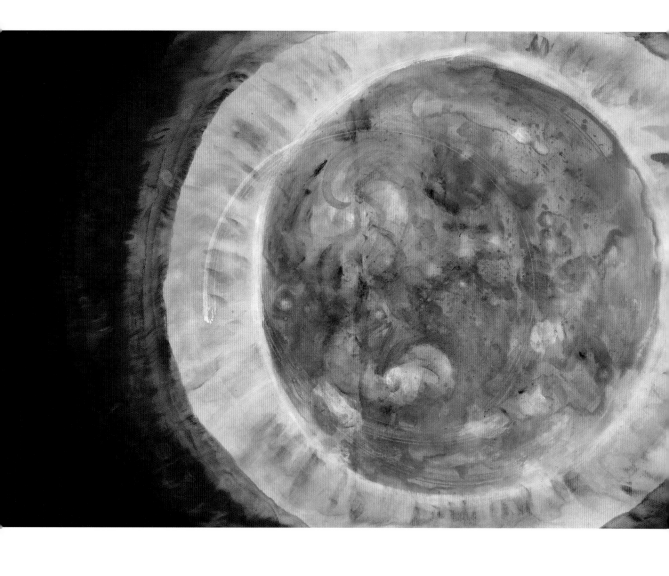

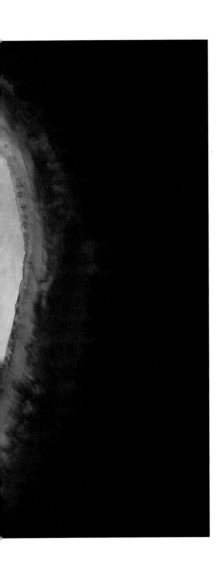

讓人類的環境滿目瘡痍。

環境是我們心的影子。一個企業家他只求經營利潤，而不顧公共利益、社會成本，產生有毒物質來供給消費者，所以會有駭人聽聞的毒奶事件、黑心食品、黑心電器等，以及工業先進或家以落後國家為核能墳場，輸出許多有害物質，乃至重創自然生態，造成地球暖化等。生態環境的滿目瘡痍，都是人類貪婪所投射的影像。我們應該曉得，這樣做最後只有造成全體的滅亡，因為我們將周遭可生存的地方一點一點滅絕了。

我們不能使用18世紀馬車的材料，來做成21世紀的太空梭，人類經濟的未來，不能再仰賴看不見的手來導引。

現代的經濟現實，已經瞭解：我們不能只將一切的運作交給一隻不可見的手——利潤法則來操縱；所以，大家開始向福利經濟思想來思惟運作。

地球不需要拯救，
而是人類需要自救。

於是，在人類對待地球的層次上，會產生哪些問題——

在自利原則的發展下，增長了人類的貪婪，無知地將地球資源，列入「收入項目」，毫無節制地浪費。錯誤的地球帳，將公共資源變成私人收入，將私人成本丟給社會承擔。現在，我們應該體認到，自己和他人，乃至整個世界，都是生命共同體，我們要用智慧創造利潤，並建更大的總福祉，讓世界更美好。

1989年，我寫下一篇「修補地球」的文章，呼籲地球的長子——人類，重視生態環保，那時我認為，自利的人類，正如癌細胞般的在人間蔓延，而且不斷的破壞我們的寄宿母體——地球，最終將走向共同毀滅之途。

多年後重新省視，我的觀點產生了變化——地球並不需要我們拯救，而是人類需要自救。地球自有她的成、住、壞、空，她不斷在太空中自在悠遊，除非我們把她炸了，否則她自有她的緣法。但是，生活在其上的共生人類，卻需要省思自身的困境。

「知識經濟」，不敷使用。

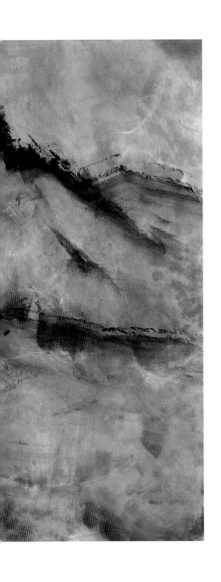

近年大家服膺的「知識經濟」，在這個時代已經不敷使用了，美國華爾街的崩落就是一個活生生的例子。

「知識經濟」不敷使用的原因是，瞬息萬變的21世紀，因果的距離如此短促，財富的累積如此快速，崩落也是一夕之間。以往經濟問題的累積，是平面型發展，現在卻是3D、4D型的發展，依照過去經驗所堆積出來的「知識」，無法料理新生的問題，只是站在自利立場所發展的「知識」，無法讓問題迅速解決，反而更加惡化、擴大，越來越棘手。

「菩薩經濟」有異於「福利經濟」。

現代的經濟現實，已經了解：我們不能只將一切的運作交給一隻不可見的手──利潤法則來操縱；所以，大家開始向福利經濟思想來思惟運作。如果經濟學始於自利，我們可以說福利經濟是為了自利而利他的；看起來似乎是一種接近菩薩利他的思惟，但實際上只是一種相似的行為而已，並非真正的菩薩經濟思想。

「菩薩經濟」正是「覺性經濟」，超脫貧乏困境。

在地球資源過度耗用的今日，我們必須有更超越的思惟，才能超脫地球經濟的困局；而菩薩經濟思想或許是可以思索的方向。

當我們不再以貪婪的自利出發，而是以創造自他生命福利為宗旨，此時的企業行就成了大佈施，佈施消費者身心健康幸福，佈施員工眷屬生活無憂，創造生命價值，成就自己也成就他人。

菩薩經濟的根本理念
是緣起性空，

真正的菩薩經濟思想，必須瞭解一切現象都是緣起性空的，只是因緣和合而已，為了大悲的緣故，而涉入了經濟行為，希望以最小的投入，來創造眾生的最大幸福。因此，以無相佈施的心從事自利利他的經濟運作，希望眾生在圓滿生命的旅程，沒有任何匱乏，安樂富足，讓世界成為富足安樂的光明淨土。

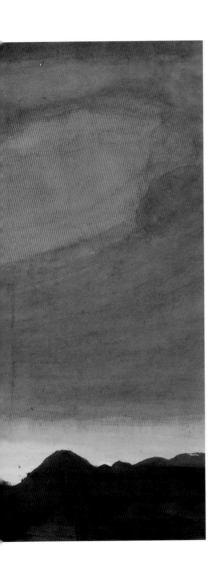

用無相佈施的智慧慈悲，

當我們不再以貪婪的自利出發，而是以創造自他生命福利為宗旨，此時的企業行就成了大佈施，佈施消費者身心健康幸福，佈施員工眷屬生活無憂，創造生命價值，成就自己也成就他人。

以無相佈施的智慧和慈悲，心中即沒有能佈施的人、受佈施的對象以及所佈施的事物等分別，並以此共創全體的生命幸福。

我用以下的偈頌來表達這種理想：
企業即佈施
利潤即福報
輾轉善循環
圓成淨世間

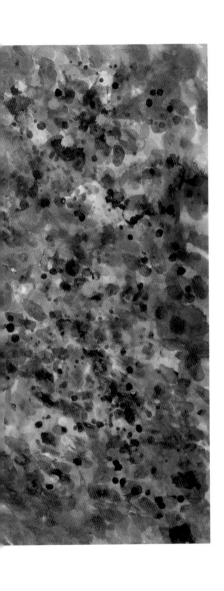

創造微妙的地球新機緣，

佛法存在的目的，就是幫助我們自在的活著，而且活得自在。

佛法是活的方法，教我們如何自己活得好，也幫助他人活得好，進而幫助這個世界運作得好，讓這一切昇華發展，讓自己與他人，產生自覺而圓滿自在，也讓這個世界成為清淨光明的樂土。所以，佛法不只關懷著自己、他者與世界的永恆福祉，更觀照到自身、他者、世界在時空運動中的變化緣起。

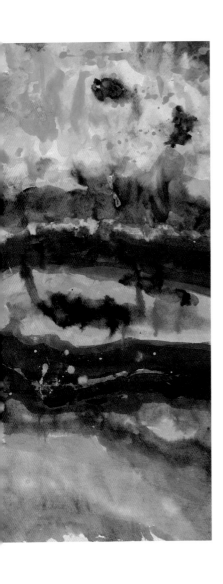

不再浪費，遠離窮困。

「浪費」絕對不等於「消費」。

「惜福」是以慈悲心依據人類的理性智慧，以最少的投入維持生命運作與資源創造的最大產出；並使緣起的正報身心得到最大的增上成就，全體生命與外在世間的依報，得到最大的利益與發展。

「惜福」不再是一種忍耐、保守的物質精神生活問題，而形成了一個時時抉擇、增長世間良善與智慧的「善的循環」，這才是大乘菩薩的惜福觀。

我們運用慈悲的胸懷與理性的智慧來做的消費，這才是正確的消費行為。所以「正確的消費乃是惜福的開始」，這是一個無限的「善的循環」。

創造與地球共生的
光明財富。

在這個變動的時代，我們必須有更深刻的智慧，看到微妙的機緣，這之間的動態，正是我們找尋機會，為人類開創的新頁的新契機，現前的動盪，讓我們有更深的願景、更大的動力，為未來調整準備。

這個時代，是一個從「自覺」走上「普覺」的時代，讓每一個人都成為真正的生命貴族，安然安適的在這現實生活裡面，創造每個人的真、善、美、聖，創造與地球共生的光明財富！

請您聆聽傳唱在宇宙裡的
這首財富之歌——

觀自在菩薩，為了滿足所有人的願望，
讓大家獲得具有智慧、慈悲的自在財富，
來成就生命中最究竟圓滿的幸福。
曾經宣說過一個〈與願觀自在〉的真言。

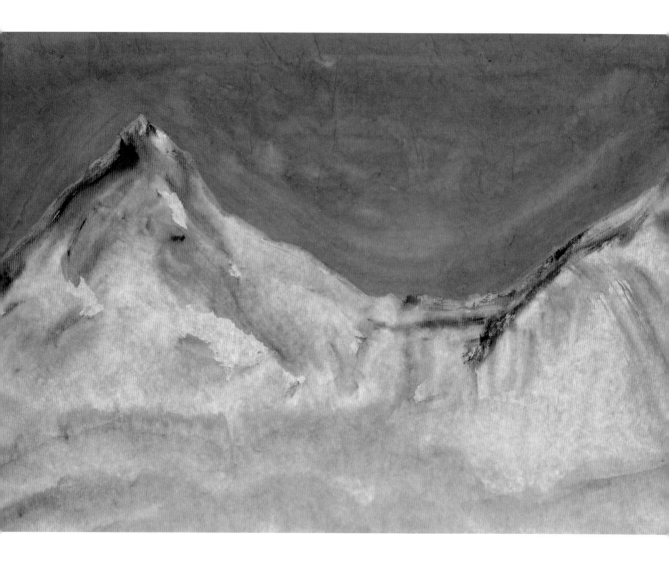

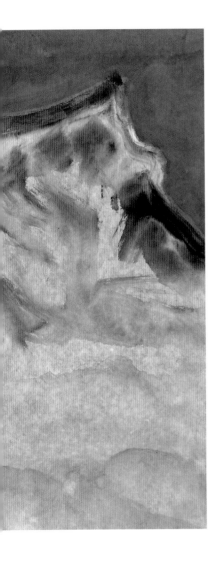

唵
oṁ

從清淨的心中，發出生命中最深的皈命。

縛日羅達摩

vajra-dharma

成就了像金剛般不可壞的體性密法，
而成為觀自在菩薩具有無邊慈悲、智慧與財富的生命。

振多摩尼

cintamaṇi

你擁有著完全能隨心自在，成就任何心願的如意寶珠，
在一切的因緣中，完成了所有的善願。

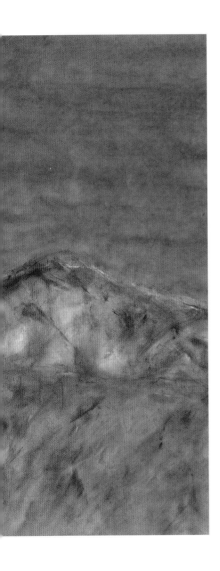

入嚩羅

jvara

這就是你具足圓滿光明的自心，
在任何的時空當中，發出最深厚的光明。

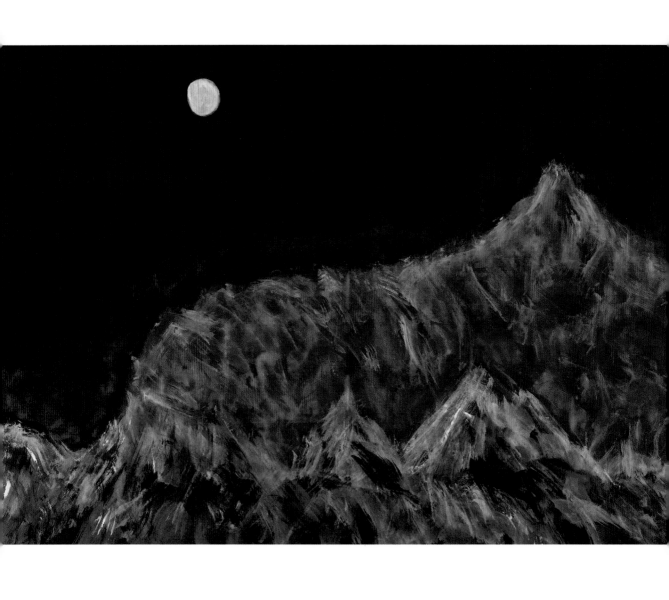

嚩羅泥

varade

滿足你最深的一切願望，
能滿足一切吉祥的善願。

娑嚩賀

svāhā

一切圓滿成就！
一切圓滿成就吧！
這無與倫比自性清淨的財寶。

國家圖書館出版品預行編目

送你一首財富的歌 / 洪啓嵩圖.文.
-- 初版. -- 臺北市：網路與書, 2011.10
面； 公分. -- （For2；17）
ISBN 978-986-213-281-4（平裝）

1.佛教修持 2.財富

225.87   100019010

FOR2 17

送你一首財富的歌
The Sutra of Fortune

圖、文：洪啓嵩
責任編輯：繆沛倫
美術編輯：何萍萍
法律顧問：全理法律事務所董安丹律師
出版者：英屬蓋曼群島商網路與書
　　　　股份有限公司台灣分公司
台北市10550南京東路四段25號11樓
email：help@netandbooks.com
http://www.netandbooks.com

發行：大塊文化出版股份有限公司
台北市10550南京東路四段25號11樓
TEL：886-2-87123898
FAX：886-2-87123897
讀者服務專線：0800-006689
email：locus@locuspublishing.com
http://www.locuspublishing.com
郵撥帳號：18955675
戶名：大塊文化出版股份有限公司

總經銷：大和書報圖書股份有限公司
地址：新北市新莊區五工五路2號
TEL：886-2-89902588
FAX：886-2-22901658
製版：瑞豐實業股份有限公司
初版一刷：2011年10月
定價：新台幣280元
ISBN：978-986-213-281-4
版權所有 翻印必究
Printed in Taiwan